HUMÍLLATE

Loren VanGalder

Spiritual Father Publications

ISBN-10: 0-9982798-0-3

ISBN-13: 978-0-9982798-0-0

Contenidos

1 EL QUE SE HUMILLA SERÁ ENALTECIDO

Jesús dijo en Lucas 18:14: *Todo el que a sí mismo se enaltece será humillado, y el que se humilla será enaltecido.*

¿Alguna vez has pensado en lo radicales que son estas palabras de Jesús? ¿Qué significan para ti? ¿Cómo te va con esta cuestión de humillarte? ¿Estás cansado de exaltarte solo para ser humillado? ¿Quieres ser exaltado por Dios?

Jesús dice que esta es una norma universal que se aplica a todo el mundo. Hay solo dos opciones: en cualquier momento tú puedes enaltecerte o puedes humillarte. Tarde o temprano, si te enalteces, serás humillado; y si te humillas, Dios te promete enaltecerte. Es una ley de la naturaleza que Dios ha establecido.

¿Cuál es tu tendencia? ¿Crees que eres humilde? ¿Quieres ser más humilde? ¿Cuándo fue la última vez que escuchaste una prédica acerca de cómo humillarte? Me parece que es más común escuchar:

- "Eres la cabeza y no la cola."
- "Eres un hijo del rey."
- "Levántate y toma posesión de tu herencia."

¿Y el mundo? Tiene un concepto muy negativo de la humildad. En la escuela y en la televisión te animan a exaltarte. ¿Y en el hogar? Depende de la familia; algunas familias aún valoran la humildad. ¿Te enseñó tu papá cómo humillarte? ¿O era tu familia más moderna y te enseñó cómo levantarte y ser exitoso?

¿Qué significa humillarse?

Para comprender lo que Jesús quiere decirnos, hay que entender qué es, exactamente, la humildad. El *Diccionario de la lengua española* dice que es:

- La ausencia completa de orgullo
- Sumisión voluntaria por conciencia de la propia insuficiencia o por cálculo
- La actitud de la persona que no presume de sus logros, reconoce sus fracasos y debilidades, y actúa sin orgullo
- Virtud que consiste en el conocimiento de las propias limitaciones y debilidades y en obrar de acuerdo con este conocimiento (*Real Academia Española*)

Según el diccionario, humillarse es:

- Adoptar alguien una actitud de inferioridad frente a otra persona
- Perder su dignidad con alguna acción
- Hacer actos de humildad

Mira los sinónimos:

- modesto
- respetuoso
- tímido
- sencillo
- sumiso
- dócil
- obediente
- reservado
- afable
- pobre
- desvalido
- servil

- insignificante
- diminuto
- bajo
- pequeño

¿Qué hombre quiere ser esa persona? Con este concepto que el mundo tiene de la humildad, ¡claro que ningún hombre quiere humillarse! Esto nos da un indicio del entendimiento que el mundo tiene de la humildad, pero vamos a ver que Jesús está hablando de algo más radical y espiritual.

¿Qué significa enaltecer?

Los antónimos que el diccionario nos da para la humildad son soberbio, altivo y rebelde. Estos están relacionados con la persona que se enaltece a sí misma. El diccionario dice que enaltecer es dar mayor estimación y dignidad a alguien o algo. Los sinónimos son engrandecer, enorgullecer, exaltar, distinguir, alabar, elogiar, ensalzar y honrar. Eso es lo que Dios hace por nosotros si nos humillamos y eso es lo que debemos ofrecer a Dios.

La enseñanza de Jesús en Lucas 18

En Lucas 18, Jesús estaba hablando a hombres confiados en sí mismos, que se creían justos y despreciaban a los demás; es decir, eran arrogantes y soberbios.

10 «Dos hombres subieron al templo a orar; uno era fariseo, y el otro, recaudador de impuestos.11 El fariseo se puso a orar consigo mismo: "Oh Dios, te doy gracias porque no soy como otros hombres —ladrones, malhechores, adúlteros— ni mucho menos como ese recaudador de impuestos.12 Ayuno dos veces a la semana y doy la décima parte de todo lo que recibo." 13 En cambio, el recaudador de impuestos, que se había quedado a cierta distancia, ni siquiera se atrevía a alzar la vista al cielo, sino que se golpeaba el pecho y decía: "¡Oh Dios, ten compasión de mí, que soy pecador!"

[14] »Les digo que éste, y no aquél, volvió a su casa justificado ante Dios. Pues todo el que a sí mismo se enaltece será humillado, y el que se humilla será enaltecido.»

Primero, el fariseo hizo una oración muy bonita y muy religiosa, recordándole a Dios (y a sus oyentes en el templo) lo bueno que era. Jesús dice que *se puso a orar consigo mismo*. ¡Esa "oración" no llegó a Dios! El que se enaltece a sí mismo es ciego y no puede ver su verdadera posición ante Dios. Los fariseos eran vistos como los más espirituales de esa época, pero este hombre era ciego a su pecado y su necesidad de Dios. Estaba engañado. Lamentablemente, este fariseo me recuerda a muchos en la iglesia de hoy. ¿Has conocido a alguien que quiere impresionar a otros con sus oraciones o su espiritualidad? ¿Crees que todavía hay "fariseos" hoy?

Luego vino un recaudador de impuestos, que estaba entre las personas más odiadas de ese día, golpeándose el pecho y pidiendo misericordia de Dios. Ni siquiera se atrevió alzar la vista al cielo. Oró sinceramente; no para impresionar a otros. Se humilló, y volvió a su casa justificado ante Dios. El Señor conoce su corazón y, a su tiempo debido, lo enaltecerá.

Jesús profundiza en el tema

[15] También le llevaban niños pequeños a Jesús para que los tocara. Al ver esto, los discípulos reprendían a quienes los llevaban. [16] Pero Jesús llamó a los niños y dijo: «Dejen que los niños vengan a mí, y no se lo impidan, porque el reino de Dios es de quienes son como ellos. [17] Les aseguro que el que no reciba el reino de Dios como un niño, de ninguna manera entrará en él.»

Me encanta cómo Dios arregla las cosas: con los discípulos sentados allí y reflexionando sobre las palabras de Jesús, "por casualidad" algunas personas trajeron a sus hijos a Jesús. Los discípulos no entendieron la lección del fariseo y en su soberbia reprendieron a quienes los llevaban. Creían que Jesús tenía cosas más importantes que hacer. Pero Jesús dice que la humildad de un niño es lo *necesario* para entrar en el reino de Dios. Su reino no es de los poderosos ni de los ricos, sino de aquellos que son como niños. Para entrar en el reino de Dios, tienes que humillarte y volver a ser como un niño.

¿Cuál de estos eres tú?

- ¿Un fariseo, confiado en ti mismo y en tu espiritualidad?
- ¿Un hombre humilde que conoce bien su pecado y necesidad de un Salvador?
- ¿O un niño que solo quiere estar con Jesús y ser tocado por su mano?

¿Cómo puedes humillarte hoy en tu hogar? ¿En tu trabajo? ¿Cómo estás tentado a enaltecerte a ti mismo?

2 ¿HAY FARISEOS HOY EN DÍA?

Lucas 14:1-14

¹*Un día Jesús fue a comer a casa de un notable de los fariseos. Era sábado, así que éstos estaban acechando a Jesús.* ²*Allí, delante de él, estaba un hombre enfermo de hidropesía.*³*Jesús les preguntó a los expertos en la ley y a los fariseos:*

—¿Está permitido o no sanar en sábado?

⁴*Pero ellos se quedaron callados. Entonces tomó al hombre, lo sanó y lo despidió.*

⁵*También les dijo:*

—Si uno de ustedes tiene un hijo o un buey que se le cae en un pozo, ¿no lo saca en seguida aunque sea sábado?

⁶*Y no pudieron contestarle nada.*

¿Por qué este fariseo invitó a Jesús a comer en su casa? No fue porque estaba tan enamorado de Cristo; lo estaban acechando, buscando algo para acusarlo. Habían arreglado para tener presente a este hombre enfermo de hidropesía, y ya sabían que el corazón compasivo del Maestro no podía soportar ver a alguien enfermo; Él lo sanaría. La comida era una trampa.

Me encanta la manera en que Jesús lidió con estas situaciones. ¡Podemos aprender mucho de Él! Simplemente les pregunta a los fariseos y a los expertos en la ley, para devolver la responsabilidad a ellos: *¿Está permitido o no sanar en sábado?* Ellos saben que la ley no prohíbe sanar en sábado. Pero si dicen que está permitido, no tienen nada que acusar a Jesús. Así que, como sucedió mucho cuando Jesús se enfrentó a alguien, se quedaron callados. Pero su silencio no impidió que Jesús hiciera lo correcto; Él contestó su propia pregunta sanando al hombre. Y los fariseos todavía no dijeron nada, aunque se sabe que estaban muy enojados.

7 Al notar cómo los invitados escogían los lugares de honor en la mesa, les contó esta parábola:

8 —Cuando alguien te invite a una fiesta de bodas, no te sientes en el lugar de honor, no sea que haya algún invitado más distinguido que tú. 9 Si es así, el que los invitó a los dos vendrá y te dirá: "Cédele tu asiento a este hombre." Entonces, avergonzado, tendrás que ocupar el último asiento. 10 Más bien, cuando te inviten, siéntate en el último lugar, para que cuando venga el que te invitó, te diga: "Amigo, pasa más adelante a un lugar mejor." Así recibirás honor en presencia de todos los demás invitados. 11 Todo el que a sí mismo se enaltece será humillado, y el que se humilla será enaltecido.

Ocupar el lugar de honor

Jesús no se detuvo con la curación. Ellos estaban observando a Cristo, pero Él también estaba observando a ellos. Jesús siempre observó su entorno. Muchas veces nosotros hablamos demasiado. Sería provechoso observar más lo que está sucediendo a nuestro alrededor. Jesús nunca pareció preocuparse por ofender a nadie ni por ser políticamente correcto. Él conocía muy bien la arrogancia y la hipocresía en los corazones de estos fariseos y notó cómo los invitados escogieron los lugares de honor en la mesa. Está claro que Jesús no buscó ese lugar, ni le ofrecieron el primer lugar; es posible que le dejaran el *último*. Pero no fue eso lo que molestó a Jesús; fue lo que sus acciones revelaron acerca de sus corazones.

Estoy seguro de que tú has estado en un banquete donde se forma una fila para coger la comida. Algunos buscan las mejores mesas y el primer lugar en la fila; no quieren perder la mejor comida. Otros dejan que todos los demás pasen primero. Así es en muchas situaciones en la vida diaria; es la naturaleza del hombre buscar el primer lugar y enaltecerse a sí mismo. Incluso en la iglesia, algunos anhelan ese lugar de honor en el frente del templo con el pastor.

No es pecado sentarse en un lugar de honor. Jesús ocupa un asiento de gran honor, a la diestra del Padre, pero no es porque buscó ese asiento. Su Padre lo exaltó a ese lugar porque Jesús se humilló a sí mismo. La cuestión es el motivo del corazón y cómo se llega a tomar ese asiento. Dios conoce el corazón y Él sabe si alguien sinceramente está tomando el último lugar para humillarse o si de verdad cree que merece o quiere el primer lugar. Lo importante es estar contento con el último asiento y no afanarse por el primero. El problema al buscar el primer lugar es que alguien más puede venir y, en presencia de todos, fueras humillado y mandado al último asiento. Si tomas el último lugar, solo es posible moverse hacia arriba y así recibir honor en presencia de los demás. En su infinita sabiduría, Jesús comparte una palabra fuerte, pero con la apariencia de querer salvarlos de la vergüenza.

Otra vez el mensaje es: *"Todo el que a sí mismo se enaltece será humillado, y el que se humilla será enaltecido."* (Verso 11)

Cómo cosechar una recompensa eterna

¡Parece que Jesús es el único que habla en esta comida! Nadie puede responder a lo que dice. Con todos silenciados por la fuerza de esas palabras, Jesús continúa con una exhortación para el anfitrión:

¹² También dijo Jesús al que lo había invitado:

—Cuando des una comida o una cena, no invites a tus amigos, ni a tus hermanos, ni a tus parientes, ni a tus vecinos ricos; no sea que ellos, a su vez, te inviten y así seas recompensado.¹³ Más bien, cuando des un banquete, invita a los pobres, a los inválidos, a los cojos y a los ciegos.¹⁴ Entonces serás dichoso, pues aunque ellos no tienen con qué recompensarte, serás recompensado en la resurrección de los justos.

Puede parecer una falta de respeto cuestionar al anfitrión, que había invitado a sus parientes, vecinos ricos y la gente notable de la ciudad. Posiblemente él quería impresionar a Jesús, pero Cristo no se siente muy cómodo con esta gente. Él dice que sería mejor invitar a los pobres, los inválidos, los cojos y los ciegos. ¿Por qué? Porque ellos no pueden devolver el favor, el huésped recibirá una recompensa en el cielo. Pero si los ricos te invitan a su casa después de visitar la tuya, ya tendrás tu recompensa, aquí en la tierra. ¿Cuál prefieres?

Jesús relaciona la humildad con la generosidad. La persona orgullosa siempre está pensando en lo que va a recibir. La persona humilde es generosa y piensa en otros y en sus necesidades; no piensa en lo que va a ganar en la situación. Le atraen las personas que otros desprecian. ¿Eres generoso? Busca oportunidades para bendecir a los menos afortunados. Estúdiate para ver cuándo buscas el primer lugar y decide siempre tomar el lugar más bajo.

3 UN EJEMPLO DE EXALTARTE

La denuncia más fuerte de los fariseos por parte de Jesús se encuentra en Mateo 23. Otra vez Jesús dice: *Porque el que a sí mismo se enaltece será humillado, y el que se humilla será enaltecido.* (Verso 12) ¿Te sorprende? Es un tema importante en la enseñanza de Jesús y los fariseos eran el mejor ejemplo de la persona que se enaltece. ¿Es por casualidad que eran vistos como los hombres más espirituales de esa época? ¡Estudia sus vidas y evita sus errores!

En los versos 5-7 Jesús señala varios ejemplos de cómo se enaltecen:

⁵»Todo lo hacen para que la gente los vea: Usan filacterias grandes y adornan sus ropas con borlas vistosas; ⁶ se mueren por el lugar de honor en los banquetes y los primeros asientos en las sinagogas, ⁷ y porque la gente los salude en las plazas y los llame "Rabí".

- Hacen todo para que la gente los vea. Todo es para las apariencias. No son genuinos.

- Llevan cosas religiosas para impresionar a la gente. Hoy no tenemos filacterias; ¿qué se usa hoy para impresionar a otros?

- Anhelan los primeros asientos y el lugar de honor.

- Quieren ser reconocidos en público y saludados como "Rabí", o en nuestro caso, "pastor", u otro título religioso.

Jesús dice que serán humillados. ¿Quieres evitar eso? Humíllate a ti mismo para que Dios te enaltezca. Los versos 8 – 10 nos enseñan cómo humillarnos:

8»Pero no permitan que a ustedes se les llame "Rabí", porque tienen un solo Maestro y todos ustedes son hermanos. 9 Y no llamen "padre" a nadie en la tierra, porque ustedes tienen un solo Padre, y él está en el cielo.10 Ni permitan que los llamen "maestro", porque tienen un solo Maestro, el Cristo.

- Evita el uso de títulos que sirvan para exaltarte. Ten mucho cuidado con los "privilegios" que algunos pastores y líderes cristianos exigen.

- Todos nosotros, los discípulos de Cristo, somos iguales; somos hermanos y todos somos sacerdotes. Hay varios dones y llamados en la iglesia, pero Cristo nunca intentó que ellos sirviesen para exaltar a algunos sobre otros. Ten cuidado de presentar tu nombre como pastor en el letrero de la iglesia o en lo que publiques en Facebook u otro sitio web. ¿Quién es más importante en la iglesia? ¿Jesús o el pastor?

- Si quieres ser grande, sé el siervo de todos. En cada situación busca la oportunidad de servir a otros; no ser servido.

La gente del mundo se afana por riquezas, posición, cosas materiales, influencia y alguna recompensa. Calculan todas sus relaciones con el fin de lo que puedan recibir.

Por desgracia, muchos creyentes son como ellos. Jesús nos llama a un estilo de vida que siempre se humilla hasta que llega a ser natural, un hábito. En el restaurante, el trabajo, el carro o las filas en el banco o supermercado, siempre humíllate, toma el último lugar y da preferencia a otros. La promesa de Dios es que mientras tú te humillas, Él te enaltecerá.

4 PEDRO NOS ACONSEJA CÓMO HUMILLARNOS

¿Quién mejor que el apóstol Pedro para enseñarnos acerca de la humildad? Él conocía muy bien lo que es enaltecerse, humillarse y ser humillado por el Señor. Conocía muy bien lo difícil que es para un joven humillarse. Como un hombre mayor, Pedro tiene algunos consejos muy sabios sobre cómo humillarse.

El sufrimiento y la humildad

A nadie le gusta sufrir, pero Pedro aconseja a estos hermanos que están sufriendo: *alégrense de tener parte en los sufrimientos de Cristo* (1 Pedro 4:13). El sufrimiento es humillante. Esa es una de las razones principales por las que Dios permite el sufrimiento en tu vida; es difícil enaltecerse en ello. A veces puedes sufrir *porque* te has humillado a ti mismo. Cristo fue humillado en la cruz; padeció porque se humilló a sí mismo y no resistió a sus acusadores. Pedro fue testigo de los sufrimientos de Cristo y escribe de su propia experiencia. Ahora Pedro está participando en los padecimientos de Cristo, pero está confiado en que Dios lo exaltará y habrá aún más gozo, porque compartimos en su gloria: *Al contrario, alégrense de tener parte en los sufrimientos de Cristo, para que también sea inmensa su alegría cuando se revele la gloria de Cristo* (4:13).

Exhortaciones a los ancianos

A los ancianos que están entre ustedes, yo, que soy anciano como ellos, testigo de los sufrimientos de Cristo y partícipe con ellos de la gloria que se ha de revelar, les ruego esto: cuiden como pastores el rebaño de Dios que está a su cargo, no por obligación ni por ambición de dinero, sino con afán de servir, como Dios quiere. No sean tiranos con los que están a su cuidado, sino que sean ejemplos para el rebaño. Así, cuando aparezca el Pastor supremo, ustedes recibirán la inmarcesible corona de gloria (1 Pedro 5:1-4).

Los ancianos deben ofrecer un ejemplo a los jóvenes. Un joven puede discernir fácilmente si alguien se enaltece y llama la atención a sí mismo. Puede ser más sutil en un anciano, pero también es fácil para el anciano engañarse a sí mismo y pensar que ya no está sujeto al pecado del orgullo. Puede ser muy capaz de hacer que la jactancia y exaltarse a sí mismo parezcan espirituales. Un líder debe practicar estas exhortaciones para humillarse:

- Mantén el corazón de un pastor. Cuida al rebaño que Dios te ha encargado. No es tuyo, sino el rebaño de Dios, y tú tienes que rendirle cuentas a Él por tu cuidado de ello.
- Mantén el corazón de un siervo. Hazlo de buena voluntad, no por obligación ni para impresionar a otros. Anhela *servir* al pueblo de Dios. Aunque no tengas la emoción, el gozo y la energía de la juventud, servir te ayuda a mantener un espíritu humilde.
- Lucha contra la ambición del dinero. El deseo por seguridad en las finanzas puede ser mayor para un anciano, pero tenemos que depender del Señor y nunca usar a la gente a nuestro cargo para obtener ganancias personales.
- No seas un tirano ni grosero con quienes están a tu cuidado.
- Sé un buen ejemplo en tu vida diaria. Muchas veces el ejemplo es más importante que las palabras.

Exhortaciones a los jóvenes

Así mismo, jóvenes, sométanse a los ancianos. Revístanse todos de humildad en su trato mutuo, porque

«Dios se opone a los orgullosos,
pero da gracia a los humildes».

Humíllense, pues, bajo la poderosa mano de Dios, para que él los exalte a su debido tiempo. Depositen en él toda ansiedad, porque él cuida de ustedes (1 Pedro 5:5-7).

Un joven tiene mucha pasión y energía. Es difícil para un joven humillarse. Un joven, más que nadie, quiere probarse a sí mismo y levantarse. Hay mucha competencia con otros jóvenes: para una mujer, un trabajo, el éxito – incluso una posición en la iglesia. Pedro recuerda muy bien su juventud y las luchas que tenía. Él sabe que no es fácil para un joven someterse a un anciano, pero el mandato del Señor a los jóvenes es: *Sométanse a los ancianos. Revístanse de humildad en su trato mutuo.* ¿Qué joven quiere ser sumiso a otros? ¿O revestirse de humildad? ¡Quiere revestirse de poder y honor y buena apariencia y las últimas modas! ¡Un joven tiende a la rebelión!

Si un joven puede humillarse y confiar en Dios, Dios puede exaltarlo y hacer maravillas en su vida. No tiene que pasar por muchos años alardeando y exaltándose a sí mismo para luego ser quebrantado por el Señor. Lamentablemente, la mayoría de nosotros somos tercos y lentos para aprender esta lección.

La humildad se manifiesta en la sumisión a otros y la forma en que se comporta con ellos. Romanos 13 nos enseña que la humildad se manifiesta en sumisión a toda la autoridad establecida por Dios: las leyes del país, la policía, tu jefe y el pastor de tu iglesia. ¿De verdad quieres humillarte? Busca quién tiene la autoridad en cada situación en tu vida y sométete a su autoridad.

¿Se opone Dios a ti?

La razón por la que Pedro nos da esta exhortación está en Proverbios 3:34: *"Dios se opone a los orgullosos (soberbios), pero da gracia a los humildes."*

Es un fundamento de cómo Dios funciona. ¿Ves cómo este versículo se relaciona con lo que dijo Jesús?

Dios humillará (se opone) al que se enaltece (al orgulloso), pero da gracia (enaltece) a los humildes (el que se humilla).

Si Dios se opone a ti, Él es tu enemigo. Estás luchando contra Dios. Muchos jóvenes, incluso los cristianos, luchan contra Él, pero no es fácil luchar contra Dios. Tarde o temprano, Dios siempre prevalecerá y en el proceso tú sufrirás mucho. Es mucho mejor tener a Dios como tu amigo. ¿Sientes que Dios se opone a ti? ¿Puedes estar luchando contra Dios a causa de tu orgullo? Ríndete a Dios y humíllate. Así recibirás su prometida gracia.

La gracia de Dios es un don. Es su favor inmerecido. No puedes ganar su gracia. Una parte muy importante de humillarse es llegar al punto de confesar "no puedo". Muchos jóvenes quieren demostrar que "yo puedo" a sí mismos, a sus novias y al mundo. Pero Dios te dice: "No puedes"." En tu fuerza, sin Dios, no puedes. Es una lección muy difícil para la mayoría de nosotros. Tú quieres ser un buen cristiano y un buen pastor, pero fracasarás una y otra vez hasta que reconozcas que es solo por la gracia de Dios que puedes seguir a Cristo. Todos nosotros fallamos y necesitamos a Dios. Pedro sabe que un joven necesita mucha gracia si él va a seguir a Jesús, pero tiene que humillarse para recibir este don de gracia.

¿Estás experimentando la gracia de Dios en tu vida? ¿Comprendes lo que es la gracia? ¿Muestras gracia a otros? ¿O tienes expectativas de perfección de ellos? Si te humillas ante Dios, hallarás mucha gracia, de parte de Dios y también de otros.

Hay que humillarse bajo la mano de Dios

El verso 6 dice: *"Humíllense, pues, **bajo la poderosa mano de Dios**, para que él los exalte a su debido tiempo."* En primer lugar, tenemos que humillarnos bajo la mano de Dios. Luego, con nuestra confianza en Dios, podemos humillarnos con otras personas y Dios te exaltará. ¿Cuándo? A su debido tiempo. Confía en Dios, que Él sabe el tiempo debido.

Mientras esperas ese tiempo, el verso 7 dice*: "... echa toda tu ansiedad sobre él, porque él tiene cuidado de ti."* Muchas veces es debido a la ansiedad que nosotros tratamos de exaltarnos a nosotros mismos:

- Puedes temer que si te humillas, otros van a abusarte.
- Puedes creer que no vas a conseguir un buen trabajo con un buen salario.
- Puedes pensar que esa muchacha no se sentirá atraída por un hombre humilde.

Pero exaltarse es incredulidad. No creemos lo que dijo Jesús. No creemos que Dios nos exaltará. Y así andamos cargados, ansiosos y aprovechando cada oportunidad para enaltecernos. Humillarse es confiar en Dios con todo. Puedes humillarte sin temor de abusos o pérdida, porque Dios cuidará de ti. Echa toda tu ansiedad sobre Dios. Él es fiel a su palabra. ¡Cuán hermosas son sus promesas! ¡Dios te enaltecerá! ¡Dios te dará gracia! ¡Dios cuidará de ti!

Tú puedes estar harto ya de esta cuestión de humillarte. Ya tienes bastante tiempo esperando que Dios te exalte y no está sucediendo. Estás empezando a pensar que es hora de exaltarte a ti mismo. Otros te están instando a que lo hagas. Te enfrentas a situaciones que hacen que sea difícil someterte a otros. Te sientes desanimado de la posibilidad de seguir a Cristo. Hay una prueba tras otra. Pues, anímate. ¡Dios sabe lo que Él está haciendo! Es probable que Él esté quitando otra capa del "yo" y dándote más oportunidades de aprender a humillarte a ti mismo. Está tranquilo. Déjalo ir. Relájate. Él quiere que sepas de una manera más profunda que Él es Dios.

5 ¿DÓNDE HABITA DIOS?

"Yo habito en un lugar santo y sublime, pero también con el contrito y humilde de espíritu, para reanimar el espíritu de los humildes y alentar el corazón de los quebrantados." Isaías 57:15

¡Qué maravilla! El Dios del universo habita en un lugar increíble, santo y sublime. Varias escrituras nos dan visiones del esplendor del cielo, pero este Dios también descendió en la forma del hombre para morar entre nosotros. Todavía quiere habitar entre nosotros, pero no mora en templos o palacios. Cuando Jesús vino a este mundo, nació en un pesebre y nunca tuvo una casa propia. Ahora Él mora en los corazones de hombres y mujeres como tú y yo. Pero Dios no habita en cualquier corazón; Isaías dice que Dios habita con el contrito, humilde y quebrantado de corazón. Nosotros somos sus templos; templos del Espíritu Santo. Me recuerda a las bienaventuranzas; Jesús dijo que son dichosos los pobres de espíritu, los que lloran, los humildes y los que tienen hambre y sed de justicia.

Este versículo es muy importante para nuestro estudio de la humildad. Si quieres experimentar la presencia de Dios, la humildad no es opcional. Esta palabra dice que el corazón contrito, humilde y quebrantado es el corazón que agrada a Dios. Él está muy cerca de esas personas. Él busca a tales personas. ¿Eres tú una de ellas? ¿Cómo está tu corazón? ¿Cómo está tu templo? ¿Limpio? ¿Puro?

La presencia de Dios toca el espíritu de los humildes para reanimar, reavivar, fortalecer y consolarlo. Y alienta el corazón de los quebrantados. Dios está usando el desánimo, la depresión y las experiencias que quebrantan el corazón para humillarte. Pero entonces, en su gran amor, Él te alienta, te consuela y te fortalece. ¡Qué hermoso es para el quebrantado de corazón experimentar ese toque del Señor!

6 HUMILDAD FALSA

¿Es tu corazón un templo limpio y humilde; una morada apropiada para el Señor del universo? Por desgracia, he hablado con muchos cristianos que no están experimentando la presencia sanadora del Señor. Pueden estar quebrantados de corazón y parecer contritos, pero solo Dios sabe si son humildes. Un arrepentimiento genuino es necesario para ser contrito. Es común ser engañado y creer que eres humilde, cuando en realidad es otra manifestación del orgullo llamada humildad falsa, la cual quita al cristiano la bendición de la presencia de Dios. Un padre de la iglesia primitiva, Chrystosomos, dijo: "Hay un extraño orgullo que se presenta como el estándar de la humildad. Esta falsa humildad es casi en su totalidad producto de la hipocresía santurrona."

¿Cuáles son las características de una humildad falsa?

- *Un enfoque en el "yo".* La persona humilde se olvida de sí misma. Por su propia naturaleza, la humildad no habla de sí misma ni atrae mucha atención a sí misma. Muchas veces la persona humilde no cree que sea humilde. Es muy consciente de su pecado y su necesidad de Cristo.
- La humildad falsa es una fachada que puede parecer humilde. La persona habla mucho sobre su humildad. Pablo dice de tales personas en 2 Timoteo 3:5: *Aparentarán ser piadosos, pero su conducta desmentirá el poder de la piedad. ¡Con esa gente ni te metas!* (DHH: *No tengas nada que ver con esa clase de gente.*)
- *Problemas con la autoestima.* No tiene un concepto saludable o una perspectiva clara de sí mismo. En un

momento dice que él no es nada y no merece nada; en el otro momento se jacta y anhela la aprobación y elogio de otras personas. Los que se exaltan a sí mismos muchas veces tienen una autoestima muy baja. La falsa humildad no es atractiva.

- *No experimenta la gracia y la libertad del Espíritu.* La persona con una falsa humildad experimenta lo que dice Romanos 7:24: *¡Soy un pobre miserable!* Todavía está bajo la ley, trabajando para ser un buen cristiano, y nunca procede a Romanos 7:25: *¡Gracias a Dios soy librado de este cuerpo mortal por medio de Jesucristo nuestro Señor!*
- Manifiesta una modestia falsa que no puede aceptar elogios genuinos de otros. Unos ejemplos:
  - o "¡Qué buena prédica!" "Oh, no fue nada. Toda la gloria a Cristo. Es su Palabra;" pero en su interior quiere escuchar aún más alabanzas.
  - o "Qué bonita está esa camisa." "Oh, es vieja;" pero realmente la compraste el otro día y pagaste mucho. En realidad estás esperando más elogios sobre la camisa.
  - o "Eso fue un muy buen estudio." "Gracias, pero creo que no fue muy bien. Lo hice a toda prisa;" pero realmente agonizabas horas con el estudio y esperabas esos cumplidos.

La persona humilde acepta con gracia un cumplido, pero no lo necesita para fortalecer su ego. Puede gozarse en el fruto de sus propios logros, pero también regocijarse con otros que Dios ha bendecido. La humildad falsa manipula a otros para recibir más elogios. No es honesta ni genuina. La persona verdaderamente humilde sabe quién es, y no tiene que demostrar nada a nadie. Manifiesta el gozo y la confianza que da Dios, que atraen a los demás. La humildad no significa que debemos derrumbarnos. No confundas la humildad con el desprecio propio, que es una manera de vivir tímida y buscar excusas.

Verdadera humildad

La verdadera humildad es un realismo informado por la Biblia, la cual celebra las habilidades genuinas que Dios nos ha dado y también reconoce nuestras debilidades. Pablo es un buen ejemplo, como escribe en 1 Corintios 15:9-10: *Admito que yo soy el más insignificante de los apóstoles y que ni siquiera merezco ser llamado apóstol, porque perseguí a la iglesia de Dios.* (Si se para allí, sería humildad falsa.) *Pero por la gracia de Dios soy lo que soy, y la gracia que él me concedió no fue infructuosa. Al contrario, he trabajado con más tesón que todos ellos, aunque no yo sino la gracia de Dios que está conmigo.*

Un ejemplo aun mejor, como en toda la vida, es nuestro Señor Jesucristo. Estudia su vida para ver un ejemplo de una autoestima saludable.

Si crees que esta falsa humildad te describe, no te condenes a ti mismo ni te desanimes. Dios te está abriendo los ojos porque te ama y anhela morar en ti. Una parte importante de humillarte y crecer es ser honesto acerca de dónde estás. Dios quiere revivirte y darte nuevo ánimo. No es fácil hallar el equilibrio entre la humildad y el orgullo, pero Dios te mostrará si estás cayendo en una humildad falsa y te dará las circunstancias necesarias para humillarte.

7 EL MÁS IMPORTANTE EN EL REINO

Un día en que yo estaba preparando estos estudios, le dije al Señor: "He estado reflexionando sobre la humildad durante más de un mes. ¿Quién va a leerlo? Creo que quieren algo más emocionante de leer." Y el Señor me dirigió a Mateo 18. Los discípulos tuvieron una inquietud. Parece que, como muchos, querían ser importantes en el reino de Dios y recibir todas sus bendiciones. Le preguntaron a Jesús: "*¿Quién es el más importante en el reino de los cielos?*"

¿Cómo responderías tú esa pregunta? En tu iglesia, ¿quién es el más importante? ¿El pastor? En la comunidad cristiana de tu ciudad, ¿quién es el más importante? ¿En tu país?

Sin saber lo que dijo Jesús, la mayoría pensaría en:

- Alguien en la televisión.
- Alguien que ha escrito muchos libros.
- Un gran evangelista.
- Alguien que tiene mucha influencia en muchas iglesias.
- Algún profeta o apóstol.
- El pastor de una iglesia grande.

Pero Jesús llamó a un niño y lo puso en medio de ellos, y dijo: "*Les aseguro que a menos que ustedes cambien y se vuelvan como niños, no entrarán en el reino de los cielos. Por tanto, el que se humilla como este niño será el más grande en el reino de los cielos*" (Mateo 18:2-3).

Guao. Esto es radical. Es extremo. No es solo una cuestión de ser grande en el reino. El que no cambia y no se vuelve como niño *no entrará en el reino.* Humillarse no es solo una opción para los más entregados; es necesario para la salvación.

¿Cómo es un niño?

Jesús nos da un modelo muy claro de cómo humillarnos que va más allá de ocupar el último lugar en la mesa o dar preferencia a otros; hay que humillarnos *como niños.*

Hay muchas cosas que un niño *no* tiene:

- No tiene mucha educación
- No tiene cónyuge o hijos
- No es independiente...depende de otros para todo
- No tiene programa propio en la televisión
- No pastorea ninguna iglesia, ni es el líder de ningún ministerio en la iglesia
- No tiene poder o posición en el gobierno o en el mundo de los negocios
- Nadie le escucha muy en serio
- No tiene una capacidad de razonar altamente desarrollada
- No tiene un vocabulario extenso o habilidades verbales
- No trata con el sexo (no debe tener ninguna experiencia o conocimiento del mismo, aunque por desgracia muchas veces ese no es el caso)

Entonces, ¿qué se puede decir acerca de un niño?

- Le encanta jugar
- No tiene prisa
- Necesita maestros para entrenarlo
- No se preocupa por el dinero o la provisión de sus necesidades
- No tiene muchos quehaceres

- Necesita disciplina para guiarle y protegerle; necesita límites
- Se deleita en cosas muy sencillas
- Necesita una familia...un padre y una madre. Es vulnerable y en peligro sin esa familia. Admira, respeta y copia a sus padres y hermanos mayores.
- Le gusta saber qué se espera de él
- Confía, es enseñable, y le encanta aprender

¿Cómo puede alguien mayor cambiar y volverse como niño?

Jesús nunca nos ordena que hagamos algo imposible, aunque puedes sentirte como Nicodemo cuando Jesús le dijo que tenemos que nacer de nuevo: —*¿Cómo puede uno nacer de nuevo siendo ya viejo? —preguntó Nicodemo—. ¿Acaso puede entrar por segunda vez en el vientre de su madre y volver a nacer?* (Juan 3:4) Como adultos, tenemos la capacidad de decidir cambiar, dejar todo y volverse como niños. Tenemos la capacidad de humillarnos a nosotros mismos. Jesús es nuestro modelo; Él lo hizo: dejó todo y nació como un bebé y creció como un niño en Nazaret. Él, más que nadie, sabe que no es fácil, pero Él también sabe que es necesario. Por eso Él dijo que tenemos que nacer de nuevo. A través de los siglos hay creyentes que han hecho cosas radicales (y estúpidas) para humillarse. Eso no es necesario, pero estoy harto de la gente que ignora las cosas que dijo Jesús porque las hacen sentir incómodos. No creo que tengamos que renunciar a nuestros trabajos y abandonar a nuestras familias, pero Dios nos llama a hacer unos cambios radicales.

En los siguientes versos de Mateo 18, Jesús dice varias cosas más acerca de los niños:

- Tenemos que recibir a los niños en su nombre; así recibimos a Jesús (18:5).

- Hacer pecar a un niño (o a alguien que se ha vuelto a ser como niño) tiene consecuencias muy graves (18:6). El abuso y el sufrimiento de los niños en todo el mundo son algo que debería motivarnos a la acción.

- Tenemos que hacer todo lo necesario (llama nuestra atención cuando menciona medidas extremas como cortar y arrojar una mano o sacar un ojo) para evitar el pecado (18:7-9).

- Un niño es muy importante para Dios; nunca desprecies a un pequeño (18:10).

- Los ángeles de los niños siempre contemplan el rostro del Padre en el cielo (18:10).

- Cada uno tiene gran importancia para Dios; no es la voluntad de Dios perder incluso un pequeño (18:14).

- Es fácil para un niño perdonar. Es más difícil para un adulto, pero tenemos que resolver problemas con otros hermanos. Para hacerlo, a menudo tenemos que humillarnos (18:15-17).

Me parece que estamos muy confundidos y tenemos las cosas al revés. Hemos seguido al mundo y sus conceptos de éxito y los más trascendentes en él. El mismo Jesús dijo (con referencia al dinero): *"Aquello que la gente tiene en gran estima es detestable delante de Dios"* (Lucas 16:15).

8 EL SECRETO QUE PERMITIÓ A JESÚS HUMILLARSE

Una universidad en Australia hizo un estudio acerca de la humildad, y descubrieron que antes de Cristo, nadie en filosofía había hablado de la humildad como una virtud. ¡Jesucristo fue el primero en hablar de humillarse!

En Juan 13, Jesús se humilló para lavar los pies de los discípulos. No solo nos sirve como un gran ejemplo para nosotros, sino que Jesús también nos mandó que hiciéramos lo mismo, y nos reveló el secreto que le permitió humillarse hasta ese extremo:

*Sabía Jesús que el Padre había puesto todas las cosas bajo su dominio, y que había salido de Dios y a él volvía; **así que** se levantó...para lavar los pies.* (Juan 13:2)

Jesús sabía tres cosas que le permitieron humillarse así:

1. **Él sabía que tenía autoridad.** Ya sabía que su Padre le había dado todas las cosas en sus manos. Él no tomó esa autoridad; le fue dada por su Padre. Ese conocimiento lo liberó para servir y humillarse a sí mismo. No podía ganar nada más...ya tenía todo. Tu Padre también te ha dado autoridad. Por supuesto, no tanta autoridad como Jesucristo, pero ese conocimiento del dominio que Dios te ha dado aquí en la tierra debe liberarte para humillarte y servir a otros. No vas a perder nada.

2. **Jesús conoció su herencia, de donde vino.** Sabía que fue enviado por Dios con un propósito. Tenía una identidad firme como el Hijo de Dios. Y tú, ¿sabes quién eres? ¿Conoces tu herencia? ¿Tus ancestros? ¿Te sientes seguro en tu identidad? ¿Sabes que Dios es *tu* Padre también? ¡Eres su hijo adoptado!

¿Recuerdas de dónde viniste? ¿Del pecado y la perdición del pasado? ¿Y cómo Jesús te salvó?

3. **Sabía a dónde iría.** Sabía que volvería a Dios, al cielo. Tenía esperanza y fe para el futuro. Sabía que la cruz no sería el final de su vida. Mi hermano y hermana, tu futuro es seguro también. Dios tiene un lugar esperándote en el cielo. ¡Vas a compartir en la gloria de Jesucristo!

Si tú puedes captar estas maravillas y vivir con una certeza de ellas, serás liberado para humillarte y servir a otros también.

9 ¿TIENES LA ACTITUD DE JESÚS?

Jesús demostró una humildad radical: La obediencia hasta la muerte de la cruz. Filipenses 2:1-16 contiene la enseñanza bíblica más profunda sobre la humildad:

¹Por tanto, si sienten algún estímulo en su unión con Cristo, algún consuelo en su amor, algún compañerismo en el Espíritu, algún afecto entrañable, ² llénenme de alegría teniendo un mismo parecer, un mismo amor, unidos en alma y pensamiento. ³ No hagan nada por egoísmo o vanidad; más bien, con humildad consideren a los demás como superiores a ustedes mismos. ⁴ Cada uno debe velar no sólo por sus propios intereses sino también por los intereses de los demás.

⁵ La actitud de ustedes debe ser como la de Cristo Jesús,

⁶ quien, siendo por naturaleza Dios,
no consideró el ser igual a Dios como algo a qué aferrarse.
⁷ Por el contrario, se rebajó voluntariamente,
tomando la naturaleza de siervo
y haciéndose semejante a los seres humanos.
⁸ Y al manifestarse como hombre,
se humilló a sí mismo
y se hizo obediente hasta la muerte,
¡y muerte de cruz!

⁹ Por eso Dios lo exaltó hasta lo sumo
y le otorgó el nombre que está sobre todo nombre,
¹⁰ para que ante el nombre de Jesús se doble toda rodilla
en el cielo y en la tierra y debajo de la tierra,
¹¹ y toda lengua confiese que Jesucristo es el Señor,
para gloria de Dios Padre.

[12] *Así que, mis queridos hermanos, como han obedecido siempre —no sólo en mi presencia sino mucho más ahora en mi ausencia— lleven a cabo su salvación con temor y temblor, [13] pues Dios es quien produce en ustedes tanto el querer como el hacer para que se cumpla su buena voluntad.*

[14] *Háganlo todo sin quejas ni contiendas, [15] para que sean intachables y puros, hijos de Dios sin culpa en medio de una generación torcida y depravada. En ella ustedes brillan como estrellas en el firmamento, [16] manteniendo en alto la palabra de vida. Así en el día de Cristo me sentiré satisfecho de no haber corrido ni trabajado en vano.*

El objetivo de la vida cristiana es tener la misma actitud que tuvo Jesús (verso 5), seguir su ejemplo y andar como anduvo Jesús. Tener ese mismo sentir va en contra de nuestra naturaleza caída; implica humillarte a ti mismo.

Esta forma de pensar se manifiesta en cómo se relaciona con otros

- Mantener la unidad perfecta con nuestros hermanos: un mismo parecer, un mismo amor, unidos en alma y pensamiento y un mismo propósito (verso 2). No es fácil mantener esta unidad; es posible solo si nos humillamos. ¿Eres rápido y capaz de perdonar a otros por sus errores cometidos en tu contra? ¿Mantienes cuentas cortas? O ¿guardas rencor durante mucho tiempo? Colosenses 3:12-14 habla de las cosas con las cuales debemos revestirnos de afecto entrañable e incluye la humildad entre bondad, amabilidad, paciencia y amor. Al reflexionar sobre cómo el Señor te perdonó, tolera a otros y perdónalos.

- Verso 3: No hagas nada por egoísmo (contienda, rivalidad) o vanidad (orgullo). ¿Cuál es tu motivo en lo que haces en la iglesia? ¿Qué estás sembrando? ¿Cómo es la cosecha? Reflexiona honestamente sobre cómo te relacionas con otros. El comportamiento jactancioso y arrogante produce desaprobación social. Otras personas, ¿se sienten amenazadas por ti? ¿Por qué? La jactancia trae discordia. La ambición puede arruinar una iglesia, pero la humildad genuina la edifica.

- Considera (estima) a los demás con humildad, es decir, como superior a ti mismo (verso 3). Humillarse significa no tener una actitud superior hacia nadie; no tiene nada que ver con los hechos. Tú puedes decir: "¡Pero yo tengo más experiencia! ¡Yo tengo más educación!" Y puede ser la verdad, pero eso no importa. En nuestra actitud, hay que *considerar* a otros como superiores. Por lo tanto, reconoces honestamente tus errores, en lugar de culpar a otros por ellos.

- Vela por los intereses de los demás. Piensa en otros y en sus deseos. No significa no vigilar tus propios intereses, sino velar por los intereses de otros antes que los tuyos.

¿Cómo podría Jesús vivir así?

- No *consideró* el ser igual a Dios como algo a que aferrarse. Nunca negó que es Dios. Él sabía muy bien quién era, pero tomó la decisión de no aferrarse a ello. Para aquellos que dudan de la divinidad de Jesús, aquí dice claramente que tiene la naturaleza divina, que es igual a Dios.

- Se rebajó voluntariamente, se despojó a sí mismo. Dejó a un lado lo que era suyo. Jesús negó sus derechos, porque confiaba en que su Padre cuidaría de Él. Para ti, no es por obligación ni por pensar en la recompensa que vas a recibir. Te niegas a ti mismo, por amor. Lo haces voluntariamente.

- Tomó la naturaleza de siervo. Una y otra vez Cristo dijo que el que quiere ser grande tiene que ser el servidor de todos. Servir es la raíz de la humildad y Jesús es el ejemplo supremo de servicio.

- Se hizo semejante a los seres humanos (verso 8). Dejó toda la gloria del cielo, todo su privilegio como hijo de Dios, para vivir una vida muy humilde. Se identificó completamente con nosotros, algo que no pudo hacer desde el cielo. Humillarse significa vivir con gente humilde (no solo enviar dinero desde la comodidad de una casa grande para "ayudar a los pobres", sino vivir entre los pobres e identificarse con ellos). Cuando yo trabajaba de capellán en las prisiones, a veces deseaba pasar unos días viviendo dentro de la prisión. Fui a la cárcel por ocho horas para dar un culto y ministrar, pero luego regresé a mi familia y mi hogar. Cristo se hizo "preso" para identificarse con nosotros en nuestra prisión (sin pecar).

- Se humilló a sí mismo hasta el extremo, hasta la muerte más cruel y vergonzosa, de la cruz. Su humildad se manifestó en obediencia.

Cristo es nuestra garantía de que Dios va a exaltarnos cuando nos humillamos (9-11). Pero si te humillas solo para ser exaltado, no es verdadera humildad.

Los estudios de este pasaje casi siempre terminan con el verso 11, pero el verso 12 comienza "así que" o "por tanto".

Cosas que deben fluir de la actitud de Jesús:

- Hay que tomar en serio cuán grande es nuestra salvación. Hay que llevarse a cabo con temor y temblor (12). Reconocer la supremacía de Dios en todas las cosas. *Dios Habla Hoy* dice: *Esfuércense por demostrar los resultados de su salvación obedeciendo a Dios con profunda reverencia y temor.*

- Cristo cumplió perfectamente la voluntad de Dios en su vida y nosotros tenemos que buscar y cumplir la voluntad de Dios en nuestras vidas. Gracias a Dios, Él produce en nosotros el querer y también el hacer su voluntad, que siempre es buena (12-13). Descubre el lugar que Dios tiene para ti en el mundo. Si es muy humilde, acéptalo. Si es una posición enaltecida, recíbela con humildad. *La Nueva Traducción Viviente* dice: *Dios, según su bondadosa determinación, es quien hace nacer en ustedes los buenos deseos y quien los ayuda a llevarlos a cabo.*

- Cumplir su voluntad con humildad es hacerlo sin quejas ni contiendas. Brillamos en nuestro mundo oscuro como intachables y puros hijos de Dios sin mancha (14-15). Te ves como Jesús.

Humillarte a ti mismo es una revolución que afecta tu vida entera. Estudia nuevamente la vida de Jesucristo para ver cómo se humilló a sí mismo y sigue su ejemplo. Empieza con tu matrimonio; ¡puede transformarlo!

10 DIOS TE ENALTECERÁ

Estoy terminando este libro durante los Juegos Olímpicos en Rio de Janeiro, que exaltan la capacidad física de muchos atletas. ¡No hay muchas oportunidades para humillarse allí! Pero no es solo en el deporte o el mundo del entretenimiento. Estamos muy lejos de la mente de Jesucristo: *"Todo el que a sí mismo se enaltece será humillado, y el que se humilla será enaltecido."* Dios tiene una recompensa para ti y ¡es mucho mejor que una medalla de oro!

Hemos dedicado bastante tiempo al estudio de cómo humillarnos y ahora vamos a terminar con la promesa: si tú haces tu parte y te humillas, entonces Dios hará su parte y te enaltecerá. ¿Cómo? Nuestro ejemplo otra vez es Jesucristo. Él se humilló hasta el extremo, como vimos en Filipenses 2. No hay nadie en este mundo que se humille a sí mismo como Jesucristo se humilló a sí mismo. El verso 9 de ese capítulo dice que *por eso*, como consecuencia de lo que hizo Jesús voluntariamente:

- Dios lo exaltó hasta lo sumo

- Dios le otorgó el nombre que está sobre todo nombre

- Toda rodilla se doblará ante el nombre de Jesús, en el cielo, en la tierra y debajo de la tierra

- Toda lengua confesará que Jesucristo es el Señor (Filipenses 2:9-11)

Me parece que fue una recompensa muy rica, ¿verdad? Se humilló por unos 33 años, sembró esa humildad para cosechar esta recompensa por toda la eternidad. ¿Qué más quieres?

¿Puedes pensar en otra cosa que el Padre pueda hacer para exaltar a su hijo?

Tu Padre tiene el mismo corazón para ti. Él ya dio lo mejor de sí, su hijo, por tu salvación. No sabemos cuán grande es la recompensa para nosotros, pero parece que la medida en que vamos a ser exaltados depende de cómo nos humillemos en esta vida. Jesús dijo que aquellos que se jactan en esta vida, que se exaltan a sí mismos, ya han recibido toda su recompensa (Mateo 6:2, 5, 16). Aquí hay solo una pequeña parte de lo que la Biblia dice acerca de nuestra recompensa:

- *Ningún ojo ha visto, ningún oído ha escuchado, ninguna mente humana ha concebido lo que Dios ha preparado para quienes lo aman* (1 Corintios 2:9).

- *Ha hecho de nosotros un reino, sacerdotes al servicio de Dios su Padre* (Apocalipsis 1:6).

- Jesús y su Padre hacen su vivienda en nosotros (Juan 14:23).

- Nosotros, los creyentes, vamos a juzgar al mundo (1 Corintios 6:2).

Tenemos la seguridad que vamos a recibir una recompensa cada vez que nos humillamos:

- El que se humilla para dar un vaso de agua a un pequeño no perderá su recompensa (Mateo 10:42).

- El Padre ve cuando te humillas en secreto y te recompensará (Mateo 6:18).

- Cuando te humillas, dejas tu orgullo y amas a tus enemigos, haciéndoles bien, tendrás una gran recompensa y serás un hijo del Altísimo. (Lucas 6:35)

Gran parte de la recompensa viene después de la muerte, pero también hay una recompensa ahora: ya tienes todos los privilegios de un hijo del Rey. 1 Pedro 5:6 te promete que Dios te exaltará *a su debido tiempo*. Confía en Él.

A pesar de toda esta enseñanza bíblica, si todavía quieres exaltarte y no te humilles a ti mismo, entonces Dios te humillará. Créeme, es mejor humillarte a ti mismo. Recuerda que Cristo es el mejor ejemplo de cómo humillarse, pero si necesitas otro ejemplo bíblico, estudia la vida de Moisés. Números 12:3 dice que él era el hombre más humilde, pero también era un hombre muy capaz, con mucha autoridad. ¡Un hombre humilde puede hacer muchas cosas por el Señor!

Humillarte a ti mismo revela la calidad de tu fe. ¿Puedes esperar ser exaltado en el cielo? ¿O tienes que conseguir todo ahora? ¿Puedes confiar en que Dios cuidará, hasta el extremo al que iba Jesús, confiando en que Él estaría bien como un bebé en un sucio establo? ¿Sabes quién eres en Cristo? ¿O aún confías en las cosas de este mundo que te hacen sentir como alguien con valor? No te enfoques demasiado en humillarte a ti mismo; enfócate en Jesús. Mientras lo ames y camines con Él, tu corazón se transformará y sin siquiera darte cuenta, te sorprenderás por tu sumisión, obediencia y servicio.

OTROS LIBROS POR LOREN VAN GALDER

Disponibles en forma física o digital en Amazon.com

HECHO PARA REINAR

Cómo usar (y no perder) tu autoridad real

Loren VanGalder

Cuatro Pasos al Varón Perfecto

Hasta que lleguemos a un varón perfecto... (Efesios 4:13)

Loren VanGalder

Loren VanGalder

LECCIONES EN LIBERACION

www.ingramcontent.com/pod-product-compliance
Lightning Source LLC
Chambersburg PA
CBHW060627030426
42337CB00018B/3235